D0867196

ANDRÉA JOURDAN

Complètement LIMONADES

Une société de Québecor Média

Design graphique : Josée Amyotte
Infographie : Chantal Landry, Johanne Lemay
Révision : Lucie Desaulniers
Correction : Sylvie Massariol
Photographies : Philip Jourdan

DISTRIBUTEUR EXCLUSIF :
Pour le Canada et les États-Unis :
MESSAGERIES ADP*
2315, rue de la Province
Longueuil, Québec J4G 1G4
Téléphone : 450-640-1237
Télécopieur : 450-674-6237
Internet : www.messageries-adp.com
* filiale du Groupe Sogides inc.,
filiale de Québecor Média inc.

Suivez-nous sur le Web

Consultez nos sites Internet et inscrivez-vous à l'infolettre pour rester informé en tout temps de nos publications et de nos concours en ligne. Et croisez aussi vos auteurs préférés et notre équipe sur nos blogues !

EDITIONS-HOMME.COM
EDITIONS-JOUR.COM
EDITIONS-PETITHOMME.COM
EDITIONS-LAGRIFFE.COM

Imprimé en Chine

03-13

Dépôt légal : 2013
Bibliothèque et Archives nationales du Québec

ISBN 978-2-7619-3461-9

Gouvernement du Québec – Programme de crédit d'impôt pour l'édition de livres – Gestion SODEC – www.sodec.gouv.qc.ca

L'Éditeur bénéficie du soutien de la Société de développement des entreprises culturelles du Québec pour son programme d'édition.

Conseil des Arts du Canada **Canada Council for the Arts**

Nous remercions le Conseil des Arts du Canada de l'aide accordée à notre programme de publication.

Nous reconnaissons l'aide financière du gouvernement du Canada par l'entremise du Fonds du livre du Canada pour nos activités d'édition.

Table des matières

La grande limonade

PORTIONS: 8 **PRÉPARATION:** 15 min **CUISSON:** 11 min **RÉFRIGÉRATION:** au moins 4 h

4 litres (16 tasses) d'eau
250 g (1 ¼ tasse) de sucre
4 oranges
3 citrons
2 citrons verts
1 pamplemousse

Dans une grande casserole, verser l'eau et le sucre. Porter à ébullition. Réduire le feu et laisser mijoter 8 minutes. Retirer du feu et laisser refroidir complètement.

Trancher les agrumes et les déposer dans un grand pichet. Ajouter l'eau sucrée refroidie.

À l'aide d'une cuillère de bois, presser délicatement les tranches d'agrumes. Couvrir et réfrigérer au moins 4 heures.

Servir très frais dans de grands verres.

Limonade à l'orange, au pamplemousse et au thym

PORTIONS: 8 **PRÉPARATION:** 15 min **RÉFRIGÉRATION:** 2 h

3 pamplemousses
4 oranges
250 ml (1 tasse) de sirop de canne à sucre
500 ml (2 tasses) de jus de citron
2 litres (8 tasses) d'eau
6 branches de thym frais

Presser le jus de 2 pamplemousses et de 1 orange. Verser dans un grand pichet. Ajouter le sirop de canne à sucre, le jus de citron et l'eau. Mélanger.

Couper les 3 oranges et le pamplemousse qui restent en quartiers, sans les peler. Les ajouter dans le pichet avec le thym effeuillé et mélanger. À l'aide d'une cuillère de bois, presser délicatement les quartiers d'agrumes pour en extirper un peu de jus.

Réfrigérer 2 heures. Servir très frais.

Limonade à l'orange et au safran

PORTIONS: 4 **PRÉPARATION:** 20 min **RÉFRIGÉRATION:** 2 h

- 2 oranges
- ¼ c. à café de safran
- 250 ml (1 tasse) de jus d'orange
- 3 c. à soupe de cassonade
- 1 litre (4 tasses) d'eau
- 500 ml (2 tasses) de jus de citron

À l'aide d'une râpe fine, râper le zeste des oranges et le déposer dans un grand pichet. Peler les oranges à vif et les couper en tranches épaisses. Ajouter les tranches d'orange dans le pichet. Saupoudrer de safran et verser le jus d'orange. Mélanger délicatement et réserver.

Dans une casserole à feu moyen, dissoudre la cassonade dans l'eau en remuant. Retirer du feu et laisser refroidir.

Verser l'eau sucrée refroidie et le jus de citron dans le pichet. Couvrir et réfrigérer 2 heures.

Verser la limonade dans des verres. Garnir de tranches d'orange et servir.

Limonade à l'orange sanguine et à la cardamome

PORTIONS: 8 **PRÉPARATION:** 15 min **RÉFRIGÉRATION:** au moins 2 h

- 6 oranges sanguines (ou oranges, ou tangerines)
- 4 citrons verts
- 250 g (1 ⅛ tasse) de cassonade
- 2 litres (8 tasses) d'eau
- 12 graines de cardamome, écrasées

À l'aide d'un zesteur ou d'un petit couteau, prélever le zeste de 4 oranges sanguines et de 2 citrons verts et le déposer dans un grand pichet. Presser le jus des 6 oranges et des 4 citrons verts et le verser dans le pichet.

Dans une casserole à feu moyen, mettre la cassonade, l'eau et les graines de cardamome écrasées. Dissoudre la cassonade en remuant avec une cuillère de bois. Retirer du feu et laisser refroidir quelques minutes. Verser l'eau aromatisée tiède dans le pichet.

Réfrigérer au moins 2 heures avant de servir.

NOTE: La cardamome apporte une touche apaisante et légèrement exotique à cette limonade.

Limonade à la canneberge et à la mandarine

PORTIONS : 8 **PRÉPARATION :** 15 min **RÉFRIGÉRATION :** 4 h

2 mandarines, en demi-tranches

450 g (2 tasses) de cassonade

2 litres (8 tasses) d'eau chaude

1 litre (4 tasses) de jus de citron vert

1 litre (4 tasses) de jus de mandarine ou d'orange

500 ml (2 tasses) de jus de canneberge

500 g (5 tasses) de canneberges surgelées

Déposer les demi-tranches de mandarine et la cassonade dans un grand pichet. Ajouter l'eau chaude et mélanger jusqu'à dissolution complète de la cassonade.

Verser les jus de citron vert, de mandarine (ou d'orange) et de canneberge dans le pichet. Mélanger.

Ajouter les canneberges surgelées et réfrigérer 4 heures.

Servir très froid.

Limonade à la fraise et à la menthe

PORTIONS: 6 **PRÉPARATION:** 20 min **ATTENTE:** 30 min **RÉFRIGÉRATION:** 2 h

225 g (1 ½ tasse) de fraises, tranchées

250 g (1 ¼ tasse) de sucre

10 citrons

1 petit bouquet de menthe

2 litres (8 tasses) d'eau

Mettre les fraises dans un bol. Ajouter le sucre et le jus de 2 citrons. Touiller délicatement. Ajouter les feuilles de menthe (réserver quelques feuilles pour garnir). Couvrir et laisser reposer 30 minutes.

Presser les 8 autres citrons. Verser le jus de citron et l'eau dans un grand pichet, puis mélanger. Ajouter les fraises et leur jus. Réfrigérer 2 heures.

Verser dans des verres et garnir de quelques feuilles de menthe.

Limonade à la grenade et au basilic

PORTIONS: 6 **PRÉPARATION:** 20 min **RÉFRIGÉRATION:** 4 h

1 litre (4 tasses) de jus de citron

500 g (2 ½ tasses) de sucre

1 litre (4 tasses) de jus d'orange

1 litre (4 tasses) de jus de grenade

2 oranges, en demi-tranches

1 citron, en demi-tranches

1 bouquet de basilic

Dans une casserole, faire chauffer le jus de citron sans le laisser bouillir. Retirer du feu, ajouter le sucre et mélanger jusqu'à dissolution. Verser dans un grand pichet.

Ajouter les jus d'orange et de grenade, les demi-tranches d'orange et de citron, et une poignée de feuilles de basilic (réserver quelques feuilles pour garnir). Mélanger.

Réfrigérer 4 heures. Verser la limonade dans une passoire et retirer les feuilles de basilic.

Servir dans de grands verres et garnir de tranches d'agrumes et de feuilles de basilic fraîches.

Limonade à la lavande

PORTIONS: 4 **PRÉPARATION:** 10 min **RÉFRIGÉRATION:** 2 h

12 citrons

250 ml (1 tasse) de sirop de lavande

2 litres (8 tasses) d'eau

Peler les citrons et déposer la pelure dans un grand pichet. Presser les citrons et verser le jus dans le pichet.

Ajouter le sirop de lavande et l'eau. Mélanger. Réfrigérer 2 heures.

Filtrer la limonade dans une passoire et servir dans des verres froids.

Limonade à la limette

PORTIONS : 6 **PRÉPARATION :** 20 min **CUISSON :** 5 min **RÉFRIGÉRATION :** 2 h

24 limettes (ou *key limes*)
500 g (2 ½ tasses) de sucre
2 litres (8 tasses) d'eau
Glaçons
12 petites meringues (achetées chez le pâtissier)

Retirer le zeste des limettes et le déposer dans un grand pichet. Presser les limettes et verser le jus dans le pichet.

Dans une casserole à feu moyen, dissoudre le sucre dans l'eau en remuant. Porter à ébullition et retirer du feu. Laisser refroidir complètement.

Verser le sirop de sucre refroidi dans le pichet et mélanger. Réfrigérer 2 heures.

Verser la limonade dans des verres remplis de glaçons. Servir avec des meringues croquantes.

NOTE : Les *key limes* sont une variété de limettes de la Floride, bien connues pour leur goût sucré-acidulé prononcé et très agréable. On peut les remplacer par 12 citrons verts.

Limonade à la mélisse

PORTIONS: 4 **PRÉPARATION:** 15 min **CUISSON:** 4 min **RÉFRIGÉRATION:** 4 h

500 g (2 ½ tasses) de sucre

1 litre (4 tasses) d'eau

2 litres (8 tasses) de jus de citron

3 citrons, en tranches fines

1 citron vert, en tranches fines

1 bouquet de mélisse

Dans une casserole à feu moyen, dissoudre le sucre dans l'eau en remuant. Porter à ébullition. Retirer du feu et laisser refroidir.

Dans un grand pichet, verser le jus de citron et l'eau sucrée refroidie. Ajouter les tranches de citron et de citron vert, puis le bouquet de mélisse effeuillé (réserver quelques feuilles pour garnir). Réfrigérer 4 heures.

Verser la limonade dans des verres froids, au travers d'une passoire. Ajouter des tranches de citron et de citron vert. Garnir de feuilles de mélisse fraîches.

Limonade à la pastèque

PORTIONS: 6 **PRÉPARATION:** 20 min

250 g (1 ¼ tasse) de sucre

500 ml (2 tasses) d'eau

1 pastèque (melon d'eau) sans pépins de 4 kg (8 ¾ lb)

500 ml (2 tasses) de jus de citron

1 litre (4 tasses) d'eau froide

Dans une casserole à feu moyen, dissoudre le sucre dans l'eau en remuant. Porter à ébullition. Retirer du feu et laisser refroidir.

Couper une tranche de pastèque et la tailler en 6 pointes. Réserver. Retirer la chair du reste de la pastèque et la mettre dans un robot culinaire. Pulser jusqu'à l'obtention d'une purée. Ajouter le sirop de sucre refroidi et mélanger.

Verser le mélange dans un grand pot. Ajouter le jus de citron et l'eau froide. Mélanger.

Servir dans des verres froids et garnir de pointes de pastèque.

Limonade à la pomme verte

PORTIONS: 6 **PRÉPARATION:** 15 min **RÉFRIGÉRATION:** 2 h

3 pommes vertes

500 ml (2 tasses) de jus de citron vert

500 ml (2 tasses) de jus de pomme

250 g (1 ¼ tasse) de sucre

1,5 litre (6 tasses) d'eau

Râper les pommes vertes (sans les peler) et les déposer dans un pichet. Arroser du jus de citron vert. Ajouter le jus de pomme, mélanger et réfrigérer 2 heures.

Dans une casserole à feu moyen, dissoudre le sucre dans l'eau en remuant. Porter à ébullition et retirer du feu. Laisser refroidir.

Ajouter l'eau sucrée refroidie dans le pichet et mélanger. Servir ou réfrigérer jusqu'à utilisation.

Limonade à la tangerine et à l'orgeat

PORTIONS: 6 **PRÉPARATION:** 20 min **RÉFRIGÉRATION:** 2 h

8 tangerines

12 citrons verts

100 g (½ tasse) de sucre

2 litres (8 tasses) d'eau

250 ml (1 tasse) de sirop d'orgeat (ou 250 ml [1 tasse] d'eau + 1 c. à café d'essence d'amande)

250 ml (1 tasse) de sirop de tangerine (ou de sirop d'orange)

À l'aide d'un zesteur ou d'une râpe, prélever le zeste des tangerines et des citrons verts et le déposer dans un grand pichet. Presser les tangerines et les citrons verts. Verser le jus dans le pichet. Réfrigérer 2 heures.

Dans une casserole à feu moyen, dissoudre le sucre dans l'eau en remuant. Porter à ébullition et retirer du feu. Laisser refroidir.

Verser l'eau sucrée refroidie, le sirop d'orgeat et le sirop de tangerine (ou d'orange) dans le pichet et mélanger. Servir immédiatement ou remettre la limonade au réfrigérateur jusqu'au moment de servir.

NOTE: On trouve le sirop d'orgeat (*barley water* en anglais) dans les épiceries fines et les supermarchés. On l'utilise en pâtisserie ou pour parfumer l'eau et les cocktails.

Limonade à la tangerine et au miel

PORTIONS: 6 **PRÉPARATION:** 15 min **CUISSON:** 5 min **RÉFRIGÉRATION:** 1 h

12 tangerines
500 ml (2 tasses) de jus de citron
500 ml (2 tasses) de miel
2 litres (8 tasses) d'eau

Couper 2 tangerines en tranches. Réserver. Presser le jus des 10 autres tangerines.

Verser le jus de tangerine dans une casserole. Ajouter le jus de citron et le miel. Porter à ébullition, en remuant avec une cuillère de bois. Retirer du feu et laisser refroidir 15 minutes.

Verser la préparation dans un grand pichet. Ajouter l'eau et les tranches de tangerine. Mélanger et réfrigérer 1 heure.

Verser dans de grands verres et garnir de quelques tranches de tangerine.

NOTE: Réfrigérer les verres en même temps que la limonade. Ainsi, une fois servie, la boisson restera fraîche plus longtemps.

Limonade à la vanille

PORTIONS : 4 **PRÉPARATION :** 8 min **RÉFRIGÉRATION :** 1 h

500 ml (2 tasses) de jus de citron

500 g (2 ½ tasses) de sucre

2 litres (8 tasses) d'eau

1 c. à café de vanille en poudre

4 gousses de vanille

Verser le jus de citron dans un grand pichet. Ajouter le sucre et remuer jusqu'à dissolution.

Ajouter l'eau et la vanille en poudre. Mélanger, couvrir et réfrigérer 1 heure.

Verser la limonade vanillée dans 4 verres et garnir chacun d'une gousse de vanille.

Limonade au cassis et au citron

PORTIONS: 8 **PRÉPARATION:** 20 min **RÉFRIGÉRATION:** 2 h

- 12 citrons
- 500 g (2 ½ tasses) de sucre
- 3 litres (12 tasses) d'eau
- 125 ml (½ tasse) de sirop de cassis (ou de crème de cassis)

Presser le jus de 10 citrons. Verser dans un grand pichet. Trancher les 2 autres citrons et les ajouter dans le pichet.

Dans une casserole à feu moyen, dissoudre le sucre dans l'eau en remuant. Retirer du feu et laisser refroidir.

Verser l'eau sucrée et le sirop de cassis dans le pichet. Mélanger.

Réfrigérer 2 heures avant de servir.

Limonade au chocolat

PORTIONS: 4 **PRÉPARATION:** 15 min **RÉFRIGÉRATION:** 1 h

250 g (1 ¼ tasse) de sucre
2 litres (8 tasses) d'eau
250 ml (1 tasse) de jus de citron
250 ml (1 tasse) de sirop de chocolat
Glaçons

Dans une casserole à feu moyen, dissoudre le sucre dans l'eau en remuant. Porter à ébullition. Retirer du feu et laisser refroidir.

Verser l'eau sucrée refroidie dans un grand pichet. Ajouter le jus de citron, mélanger et réfrigérer 1 heure.

Verser le sirop de chocolat dans le pichet et mélanger. Servir dans des verres remplis de glaçons.

Limonade au citron et à la coriandre

PORTIONS: 6 **PRÉPARATION:** 20 min **CUISSON:** 3 min **RÉFRIGÉRATION:** 1 h

12 citrons

5 citrons verts

3 c. à soupe de coriandre, hachée

250 g (1 ¼ tasse) de sucre

2 litres (8 tasses) d'eau

Couper 3 citrons et 2 citrons verts en tranches, puis couper chaque tranche en quatre. Déposer le tout dans un grand pichet.

Presser le jus des 9 citrons et des 3 citrons verts qui restent. Verser dans le pichet. Ajouter la coriandre. Couvrir et réfrigérer 1 heure.

Dans une casserole à feu moyen, dissoudre le sucre dans l'eau en remuant. Retirer du feu et laisser refroidir.

Ajouter l'eau sucrée refroidie dans le pichet. Mélanger et servir.

Limonade au gingembre

PORTIONS: 6 **PRÉPARATION:** 20 min **RÉFRIGÉRATION:** 4 h

- 1 morceau de gingembre d'environ 5 cm (2 po), pelé et émincé
- 2 litres (8 tasses) d'eau
- 500 g (2 ½ tasses) de sucre
- 500 ml (2 tasses) de jus de citron vert
- 4 citrons verts, en quartiers

Dans une casserole, mettre le gingembre, l'eau et le sucre. Porter à ébullition et remuer jusqu'à dissolution du sucre. Retirer du feu et laisser refroidir complètement. Réfrigérer 4 heures.

Verser le jus de citron vert dans un grand pichet. Ajouter les quartiers de citron vert.

Filtrer le sirop de gingembre froid dans une passoire et verser dans le pichet. Mélanger la limonade et servir.

Limonade au kiwi et au romarin

PORTIONS: 6 **PRÉPARATION:** 20 min **RÉFRIGÉRATION:** au moins 4 h **MACÉRATION:** 30 min

500 g (2 ½ tasses) de sucre
2 litres (8 tasses) d'eau
6 branches de romarin
500 ml (2 tasses) de jus de citron
4 kiwis, pelés et tranchés

Dans une casserole, mélanger le sucre, l'eau et le romarin. Porter à ébullition et remuer jusqu'à dissolution du sucre. Retirer du feu, ajouter le jus de citron et laisser refroidir.

Verser cette limonade dans un pichet. Couvrir et réfrigérer au moins 4 heures.

Ajouter les tranches de kiwi et laisser macérer au réfrigérateur 30 minutes. Servir.

Limonade au pamplemousse et au basilic pourpre

PORTIONS : 6 **PRÉPARATION :** 15 min **RÉFRIGÉRATION :** 2 h

2 litres (8 tasses) d'eau

250 g (1 ⅛ tasse) de cassonade

1 bouquet de basilic pourpre

500 ml (2 tasses) de jus de citron

500 ml (2 tasses) de jus de pamplemousse

Dans une casserole, porter l'eau à ébullition. Retirer du feu. Ajouter la cassonade et remuer jusqu'à dissolution. Réserver.

Déposer les feuilles de basilic dans un grand pichet. Ajouter les jus de citron et de pamplemousse et l'eau sucrée. Mélanger. Couvrir et réfrigérer 2 heures.

Verser la limonade dans des verres et servir très frais.

Limonade au pamplemousse rose et à la framboise

PORTIONS: 4 **PRÉPARATION:** 20 min **RÉFRIGÉRATION:** au moins 6 h

3 pamplemousses roses
6 citrons
4 c. à soupe de sucre
125 g (1 tasse) de framboises, écrasées
1,5 litre (6 tasses) d'eau gazéifiée
Glaçons
Framboises entières (décoration)

Presser 2 pamplemousses et les citrons. Verser le jus dans un grand pichet.

Ajouter le sucre et les framboises. Bien mélanger. Couvrir et réfrigérer au moins 6 heures.

Couper le pamplemousse qui reste en demi-tranches.

Verser la limonade dans des verres froids. Ajouter l'eau gazéifiée et des glaçons. Garnir d'une demi-tranche de pamplemousse et de framboises entières, et servir immédiatement.

Limonade au thé vert

PORTIONS : 6 **PRÉPARATION :** 10 min **ATTENTE :** 20 min **RÉFRIGÉRATION :** 2 h

4 sachets de thé vert

4 litres (16 tasses) d'eau bouillante

250 g (1 ¼ tasse) de sucre

8 citrons

8 feuilles de menthe, hachées

Déposer les sachets de thé vert dans un grand pichet et verser l'eau bouillante. Ajouter le sucre et mélanger jusqu'à dissolution. Laisser reposer 20 minutes. Retirer les sachets de thé vert.

Couper 3 citrons en quartiers et les ajouter dans le pichet. Presser les 5 citrons qui restent. Verser le jus dans le pichet et ajouter la menthe.

Réfrigérer 2 heures avant de servir.

NOTE : Pour une touche plus sucrée, garnir chaque verre de limonade d'un bâtonnet de sucre candi.

Limonade aux bleuets

PORTIONS: 4 **PRÉPARATION:** 10 min **RÉFRIGÉRATION:** aucune

2 citrons

250 ml (1 tasse) de jus de citron

250 g (1 ¼ tasse) de sucre

1 litre (4 tasses) d'eau froide

250 g (1 ⅔ tasse) de bleuets surgelés

Glaçons

Couper les citrons en tranches, puis en pointes.

Verser le jus de citron dans un grand pichet. Ajouter le sucre et mélanger jusqu'à dissolution. Verser l'eau dans le pichet et mélanger.

Répartir les bleuets surgelés dans les verres. Ajouter des glaçons et les pointes de citron.

Verser la limonade dans les verres et servir immédiatement avec une cuillère pour récupérer les bleuets.

Limonade chaude à la cannelle

PORTIONS: 8 **PRÉPARATION:** 20 min

4 citrons
2 litres (8 tasses) d'eau
500 g (2 ½ tasses) de sucre
4 bâtons de cannelle
500 ml (2 tasses) de jus de citron

À l'aide d'un petit couteau, retirer la pelure des citrons en larges bandes et la mettre dans une casserole. Ajouter l'eau, le sucre et les bâtons de cannelle. Laisser frémir la préparation à feu doux pendant 5 minutes. Retirer du feu.

Ajouter le jus de citron et mélanger. Laisser infuser 10 minutes.

Remettre la limonade sur le feu et porter à ébullition. Retirer du feu et servir immédiatement.

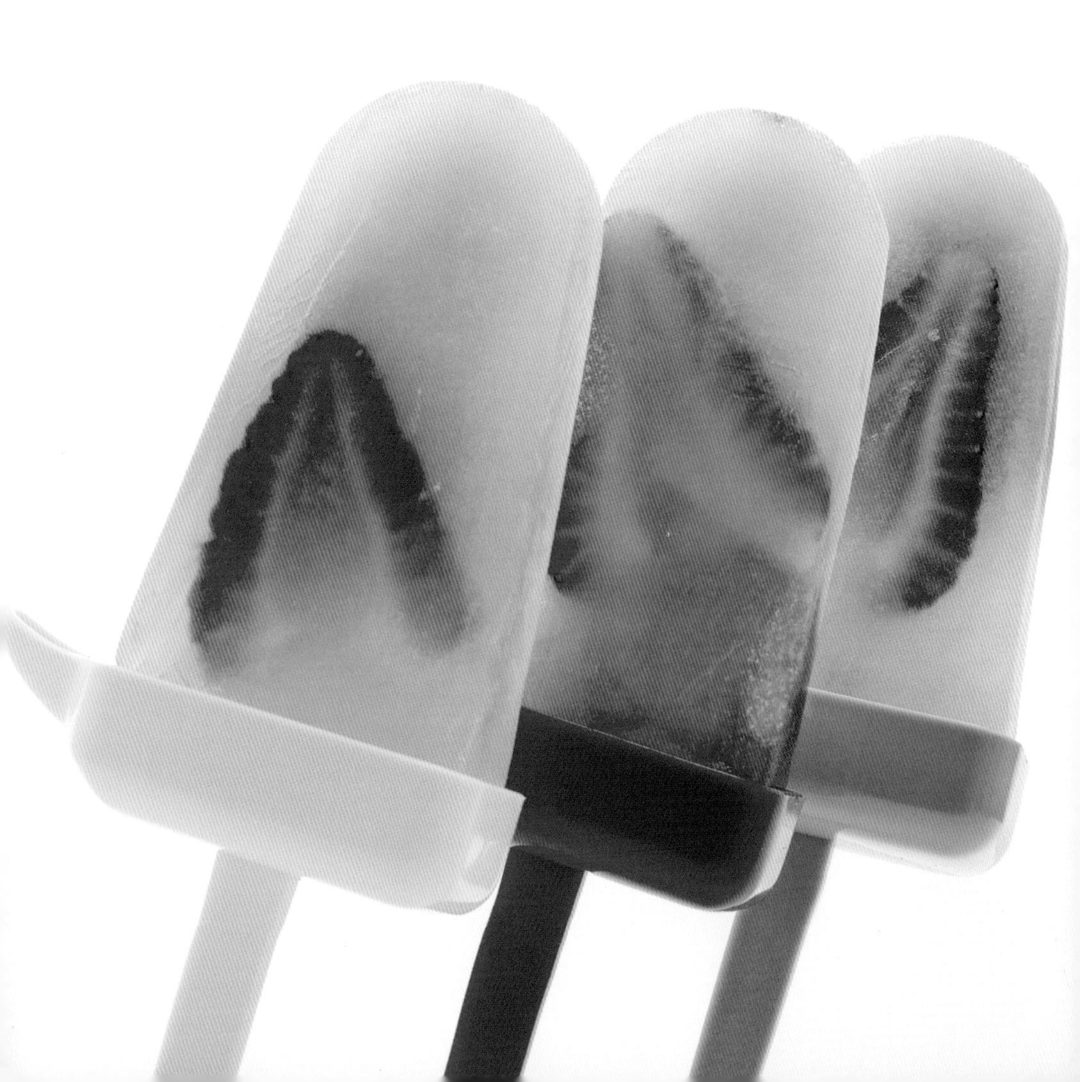

Limonade glacée à la fraise

PORTIONS: 4 **PRÉPARATION:** 15 min **CONGÉLATION:** au moins 6 h

250 g (1 ¼ tasse) de sucre

1 litre (4 tasses) d'eau

250 ml (1 tasse) de jus de citron

4 grosses fraises, tranchées

Dans une casserole à feu moyen, dissoudre le sucre dans l'eau en remuant. Porter à ébullition. Retirer du feu et laisser refroidir.

Mélanger l'eau sucrée refroidie et le jus de citron dans un grand pichet.

Verser cette limonade dans des moules à sucettes glacées (*popsicle*). Ajouter des tranches de fraises dans chaque moule. Planter les bâtonnets au centre de chaque moule. Placer au congélateur au moins 6 heures avant de servir.

Limonade lagon bleu

PORTIONS: 6 **PRÉPARATION:** 15 min **RÉFRIGÉRATION:** 1 h

2 citrons

500 ml (2 tasses) de jus de citron

500 g (2 ½ tasses) de sucre

2 litres (8 tasses) d'eau

4 c. à soupe de jus de cerises au marasquin bleues

18 cerises au marasquin bleues

Glaçons

Trancher les citrons, puis couper chaque tranche en petites pointes.

Verser le jus de citron dans un grand pichet. Ajouter le sucre et remuer jusqu'à dissolution. Ajouter l'eau, les pointes de citron et le jus de cerises bleues. Mélanger, couvrir et réfrigérer 1 heure.

Piquer les 18 cerises bleues sur des minibrochettes de bois (3 par minibrochette).

Servir la limonade dans des verres contenant des glaçons et garnir des minibrochettes de cerises bleues.

NOTES

- Les cerises au marasquin bleues (au goût de fruits des bois) sont disponibles dans les épiceries fines.
- En ajoutant quelques gouttes de vodka citron, on transforme cette limonade en délicieux cocktail.

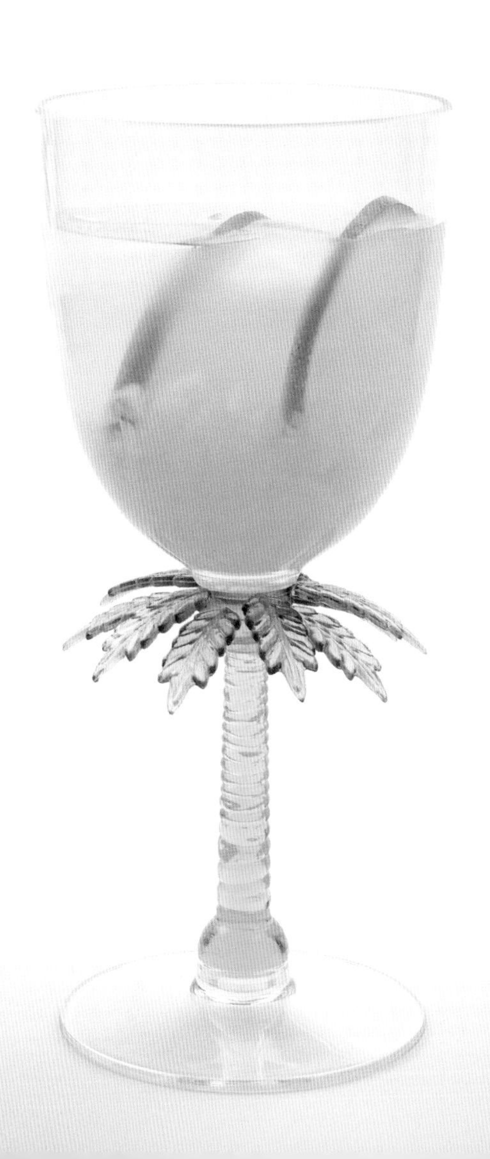

Limonade pétillante à l'ananas et à l'anis étoilé

PORTIONS: 8 **PRÉPARATION:** 15 min **RÉFRIGÉRATION:** 2 h

400 ml (14 oz) d'ananas au jus en conserve

500 ml (2 tasses) de jus de citron vert

4 c. à soupe de cassonade

1 c. à café d'anis étoilé moulu

500 ml (2 tasses) d'eau

2 litres (8 tasses) d'eau gazéifiée froide

1 citron vert, tranché

Égoutter l'ananas et réserver le jus dans un grand pichet. Couper l'ananas en dés et les mettre dans le pichet. Ajouter le jus de citron vert.

Dans une casserole, mettre la cassonade, l'anis étoilé et l'eau. Porter à ébullition et remuer jusqu'à dissolution de la cassonade. Retirer du feu et laisser refroidir.

Ajouter l'eau sucrée refroidie dans le pichet. Réfrigérer 2 heures.

Verser l'eau gazéifiée dans la limonade. Servir dans des verres et garnir de tranches de citron vert.

Limonade pétillante à l'orange et à la canneberge

PORTIONS : 4 **PRÉPARATION :** 10 min **RÉFRIGÉRATION :** 1 h

6 oranges

1 citron vert

250 ml (1 tasse) de jus de citron

250 ml (1 tasse) de jus de canneberge

1 litre (4 tasses) d'eau gazéifiée froide

Couper 2 oranges et le citron vert en tranches fines. Transférer dans un grand pichet.

Presser le jus des 4 oranges qui restent. Verser dans le pichet. Ajouter les jus de citron et de canneberge, et mélanger. Réfrigérer 1 heure.

Ajouter l'eau gazéifiée froide dans le pichet. Servir immédiatement dans des verres froids.

NOTE : Peu sucrée, cette limonade peut aussi être préparée avec du soda au gingembre (*ginger ale*) au lieu de l'eau gazéifiée. Le résultat sera tout aussi désaltérant, mais plus sucré.

Limonade rose

PORTIONS: 8 **PRÉPARATION:** 20 min **RÉFRIGÉRATION:** 2 h

12 citrons verts

4 oranges

500 g (2 ½ tasses) de sucre

3 litres (12 tasses) d'eau

4 c. à soupe de sirop de cerises au marasquin

8 cerises au marasquin

Presser le jus de 8 citrons verts et de 2 oranges. Verser dans un grand pichet.

Dans une casserole à feu moyen, dissoudre le sucre dans l'eau en remuant. Retirer du feu et laisser refroidir.

Couper en tranches les 4 citrons verts et les 2 oranges qui restent. Ajouter les tranches d'agrumes, l'eau sucrée refroidie et le sirop de cerises dans le pichet. Mélanger. Réfrigérer 2 heures.

Verser la limonade dans des verres. Garnir d'une cerise au marasquin et servir immédiatement.

Dans la même collection

Aussi disponibles en version numérique

Complètement
Biscuits ▪ Cheesecakes ▪ Crème glacée ▪ Crêpes ▪ Crevettes ▪ Cru ▪ Desserts en pots ▪ Lasagnes
Limonades ▪ Poulet ▪ Quinoa ▪ Risotto ▪ Salades ▪ Saumon ▪ Smoothies ▪ Soupes d'automne
Soupes froides ▪ Tajines ▪ Tartares ▪ Tomates

Absolutely...
Autumn Soups ▪ Cheesecake ▪ Chicken ▪ Cold Soups ▪ Cookies ▪ Crepes
Desserts In A Jar ▪ Ice Cream ▪ Lasagna ▪ Lemonade ▪ Quinoa ▪ Raw ▪ Risotto
Salads ▪ Salmon ▪ Shrimp ▪ Smoothies ▪ Tajine ▪ Tartare ▪ Tomatoes